L'auteur se rendant à son atelier dans quelques années.   Fond : ronce de frêne. Plume : tulipier. Barbe : sycomore.
Corps : poirier blanc et rouge. Habit : palissandre. Bretelles : acajou. Chaussette : wengé. Canne : bois de violette.
Haut du chapeau : péroba jaune. Lunettes : nacre. Gouttes : étain...   60 x 47 cm

2

Xavier Dyèvre

Meilleur Ouvrier de France en marqueterie

LA MARQUETERIE FACILE

Un art accessible à tous

Marqueterie caractéristique de la tradition de l'est de la France. Ciel en prunier, murs en loupes, neige en aniégré décoloré. 45 x 33 cm

Sans expérience du travail du bois, composer une marqueterie est réellement facile avec une habileté manuelle normale. Quand j'animais des formations, en cinq jours les stagiaires faisaient le tableau du renard et de la cigogne. La précision variait… mais la beauté s'apprécie avec du recul, pas à la loupe, ce qui compte c'est l'intérêt du dessin et l'harmonie des couleurs et des veines des bois.

Réellement, la marqueterie est plus facile que par exemple la sculpture sur bois. Mes trois enfants ont commencé à huit ans, ils se sont passionnés pour ces découpages de placages multicolores.

Pour se lancer dans cette belle activité, il suffit d'une simple table et de la moins chère des scies à chantourner vendue dans un magasin de bricolage. Les placages de bois sont expédiés grâce à internet, nous en utilisons des petites surfaces.

Auparavant les marqueteurs gardaient leurs secrets, ce n'est plus le cas, heureusement ! Grâce à ce manuel simple et clair, vous composerez de magnifiques tableaux en placages de bois ou des motifs pour orner des meubles. Vous verrez qu'on peut apprendre dans un livre à réaliser une marqueterie, parce que tout se passe à plat.

Si ce manuel guide vos premiers pas vers le plaisir de créer, il aura atteint son objectif.

Vous trouverez des dessins de marqueterie à la fin du livre.

Qu'est-ce qu'une marqueterie ?

Une sorte de puzzle en bois d'un millimètre d'épaisseur environ. Elle <u>recouvre complètement</u> le support sur lequel elle est collée, ce n'est donc pas une incrustation.

Une marqueterie à proprement parler représente un dessin, les anciens parlaient de «peinture en bois».

Un assemblage géométrique de placages s'appelle un frisage, ce sera le sujet du tome 3 de *La marqueterie facile*.

A la merveilleuse palette que nous offrent les "bois des îles" s'ajoutent traditionnellement la nacre, l'ivoire, l'écaille de tortue marine, le cuivre, l'étain… matériaux nobles dont je parlerai dans le tome 2 (perfectionnement).

Une marqueterie peut être plaquée sur un simple panneau, dans le cas d'un tableau, ou bien orner un meuble, une pendule, un coffret...

Bonheur du jour Louis XVI orné d'un frisage de bois de rose encadré d'amarante et de filets composés en buis et palissandre. L'abattant porte une marqueterie de fleurs en sycomore, poirier et tilleul teinté en vert, ombrées au sable chaud.

Origine

Les hommes préhistoriques incrustaient des plaquettes de bois, pierres ou métaux, dans leurs ustensiles et outils pour les décorer.

Sous l'antiquité romaine, grecque et ailleurs sur la terre, apparurent des mosaïques sur les sols et les murs des palais.

L'idée de découper des feuilles de bois avec une très fine scie à chantourner pour composer de véritables tableaux date du quinzième siècle en Italie. Autre nouveauté : ces puzzles recouvrent tout leur support. Terminés, les laborieux creusements de logements dans du bois massif.

Les artisans italiens et allemands viennent en France nous apprendre leurs méthodes et au dix-huitième siècle, le mobilier marqueté français atteint une beauté qui fait l'admiration du monde entier.

A la révolution: fin des corporations de métiers. Sous l'empire: blocus des importations de bois précieux. Déclin de la créativité.

Un renouveau de la marqueterie a lieu vers 1905, art nouveau, et 1925, arts-décoratifs. Mais l'industrialisation eut raison de ces tentatives intéressantes.

Depuis les années 1980 la marqueterie contemporaine s'échappe du mobilier. Les méthodes et l'inspiration des dessins évoluent. Des expositions de tableaux font connaître de nouveaux créateurs. Passionnante renaissance à laquelle vous participerez peut-être !

Marqueterie Georges Savery

Trophée musical dans un médaillon, caractéristique des marqueteries des meubles du XVIIIème siècle.

Ce porte-document a été fabriqué en collant trois placages les uns sur les autres, en croisant les fils de leurs bois. Le cuir de sa tranche est pris en sandwich entre eux.

La mer utilise bien les veines du bois de violette. Ciel en merisier. Voiles en amarante et padouk. Terre en ébène. Et noyer, buis...   30 x 38 cm

Méthode la plus simple
"par superposition"

Pour les enfants ou les centres de loisirs, elle a l'avantage d'être rapide et de demander peu d'outils. Prenons l'exemple d'un espadon.

Oui, les enfants peuvent commencer jeunes (ma fille Valérie découpe le caneton).

Matériel

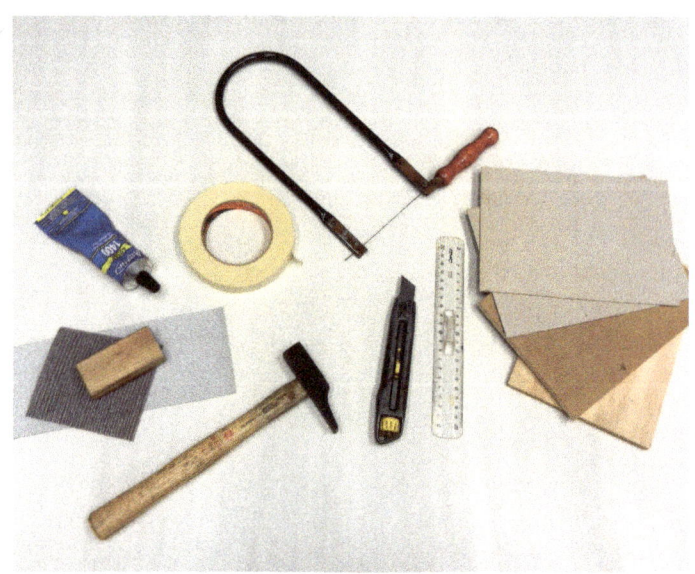

Une scie à chantourner. Sur la photo de gauche vous voyez une scie à main qui n'est pas très facile à utiliser, il vaut mieux en acheter une électrique. La moins chère (90 euros) dans un magasin de bricolage est parfaite, équipée de sa lame la plus fine.

Plan de travail. Une simple table. On peut faire de la marqueterie dans un appartement.

Carton de 1,5 mm d'épaisseur vendu dans les magasins d'encadrement, ou bien n'importe quel carton de 1 ou 2 mm : calendriers, couvertures de blocs…

Ruban adhésif du type "protection pour peindre" de 2 cm de large (de bonne qualité, j'utilise le 3M 2836 qu'on trouve en papèterie).

Cutter, règle et **marteau**.

Contreplaqués. Vous obtiendrez quatre marqueteries de l'espadon, que vous collerez sur **quatre petits panneaux de 21 x 15 cm** et d'épaisseur 8 ou 10 mm.
Une quincaillerie avec "bois à la coupe" peut vous les préparer.

Colle néoprène en tube. De la liquide, pas gel.

Papier de verre. Grain 120 180 et 240 environ.

Cire ou **vernis** (voir la finition).

Les placages de bois

Ces feuilles de bois tranchées dans des troncs d'arbres ont environ un millimètre d'épaisseur. Le plus simple pour commencer est d'acheter un coffret prévu pour la marqueterie, tel que celui qui est en photo trois pages plus haut. Vous trouverez sur internet, en cherchant *Bois de placages,* des négociants qui en expédient (je vous en indique page 77).

Le prix des coffrets de placages commence à 35 euros. Celui qui est présenté sur la page 10 coûte 80 euros, il contient trente essences de bois différentes: trente feuilles de 25 par 32 centimètres. Elles portent un numéro : une liste vous donne les noms des trente bois. La première feuille à droite est en zébrano. Comme toutes les bois qu'on voit sur la photo, la couleur de la quatrième (rouge) est naturelle, c'est du padouc, dit « bois de corail ». Au fond du coffret, cachées sous les autres il y a 4 feuilles de sycomore teintées en bleu, rouge, jaune et vert.

En principe ces placages sont plats mais si l'un se gondole un peu, aplatissez-le en le repassant au fer à repasser, des deux côtés, sans le mouiller. S'il est très déformé, voyez *Complément sur les bois* page 57.

Et si vous voulez acheter des placages à la feuille pour compléter votre coffret, lisez le prochain chapitre.

Choix pour l'espadon

Le notre est en merisier (marron orangé), palissandre (marron foncé), sycomore (blanc) et amarante (violet).

Choisissez les bois que vous voulez, mais pour que votre marqueterie soit contrastée, dans les quatre (ou cinq) prenez-en un très clair et un très foncé.

Un espadon avec cinq bois : fond en sycomore teinté en bleu, nageoires en poirier et merisier, corps en sycomore, épine dorsale en palissandre.

Le dessin. Photocopiez en deux exemplaires celui de l'espadon, en l'agrandissant pour obtenir un rectangle de 21 x 25 cm.

(Pourcentage à indiquer : dimension du dessin qu'on veut obtenir divisé par celle de celui qu'on photocopie, multiplié par 100)

Préparation des placages. Coupez au cutter, dans chacune de vos quatre feuilles, un rectangle de 22 x 16 cm (en mettant le fil du bois dans le sens de la longueur).

Pour trancher un placage, il suffit de donner deux coups de cutter le long d'une règle. Ensuite, appuyez d'une main sur la règle et soulevez le de l'autre : le bois casse net.

Formation du « paquet ». Objectif : rigidifier les fragiles placages pendant le sciage de l'espadon, afin qu'ils n'éclatent pas sous les dents de la lame.

Coupez deux cartons de 22 x 16 cm. Placez les quatre placages entre ces deux cartons (ils y sont "superposés", d'où le nom de cette méthode). Fermez ce paquet avec du ruban adhésif à cheval sur les cartons.

Placage fendu. Recouvrez la fente avec du ruban adhésif. Si tout le rectangle de placage vous parait fragile, s'il risque de casser pendant la découpe de l'espadon, renforcez-le en le recouvrant complètement de ruban adhésif.

En formant le paquet, placez ce ruban adhésif dessus, vous l'enlèverez quand la marqueterie sera collée sur son support en contreplaqué.

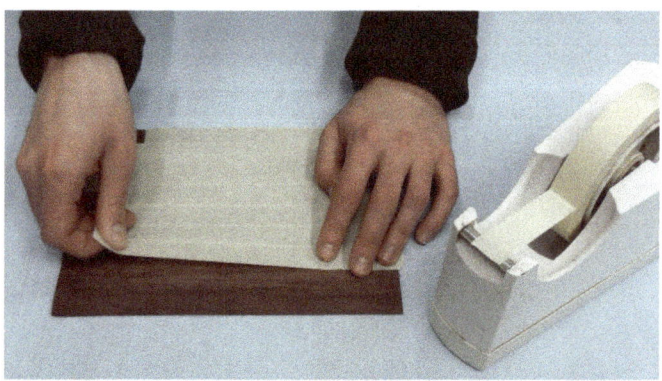

Collez le dessin de l'espadon sur le carton du dessus. Prenez de la colle à papier, néoprène ou blanche à bois (mettez très peu de cette dernière pour ne pas trop mouiller le papier, sinon il se déformerait).

Découpe. Le dessin de l'espadon ne touche pas le bord du paquet, donc il faut l'atteindre avec la lame de la scie. Deux solutions :
1. Entrez dans le paquet à l'endroit où le dessin est le plus proche du bord : la queue. C'est ce que j'ai fait. On maintient aussitôt cette fente avec un bout de ruban adhésif pour empêcher le paquet de s'ouvrir et de ballotter pendant la découpe du poisson.
2. Percez un petit trou de 2 mm sur le trait du dessin, où vous voulez peu importe, et engagez la lame dans le paquet.

Evidez en premier les éléments au centre du paquet, puis sciez l'extérieur de l'espadon.

Dans les angles, aucune manœuvre de la lame n'est possible (elle abîmerait les espadons ou leur fond). Donc pour faire les angles aigus, tournez rapidement le paquet.
Cela fonctionne : regardez ma marqueterie, les arrondis des angles ne se voient quasiment pas.

Si vous sortez du trait du dessin, ce n'est pas grave, revenez dessus par une courbe harmonieuse. L'espadon sera un peu différent...
Sciez très lentement, c'est le secret.

Une main placée près de la lame appuie sur le paquet pour l'empêcher de vibrer. L'autre tient un bord et le fait tourner.

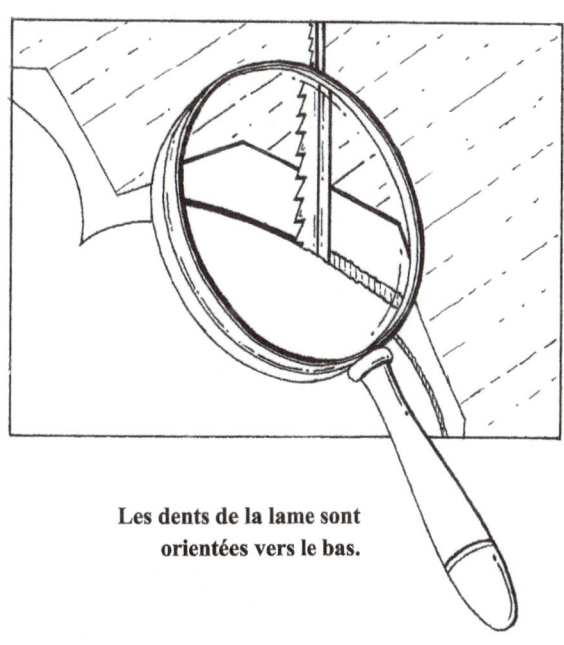

Les dents de la lame sont orientées vers le bas.

Assemblage

Ouvrez le paquet.

Assemblez quatre marqueteries en jouant avec les couleurs des bois. Il y en a toujours une qu'on préfère.

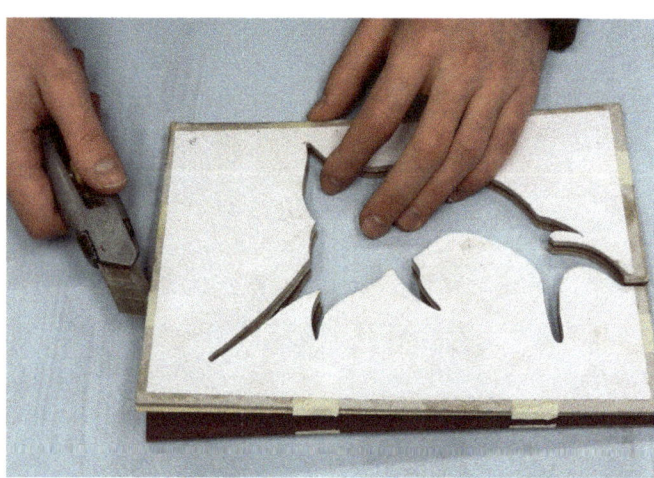

Maintenez avec du ruban adhésif les éléments des espadons ; ils s'ajustent exactement puisqu'ils ont été découpés en même temps.

Collage

Colle "contact", la néoprène ne demande pas de serrage. Cela simplifie beaucoup par rapport à la colle blanche à bois habituellement utilisée. Elle (la néoprène) est excellente mais demande que les placages ne soient pas gondolés.

Retournez une marqueterie et déposez sur son envers des filets de colle.

Avec un morceau de carton, étalez aussitôt cette colle en une fine couche <u>régulière sur toute la surface.</u>

Encollez de même un de vos petits panneaux de contreplaqué.

Attendez dix minutes (la colle ne doit plus adhérer quand on la touche avec un doigt). Posez la marqueterie sur le panneau.

Attendez une demi-heure pour que la colle ait bien pris, puis enlevez le ruban adhésif. Tirez-le doucement, le plus horizontalement possible.

Retournez la marqueterie et tranchez au cutter le placage qui dépasse sur les côtés du panneau.

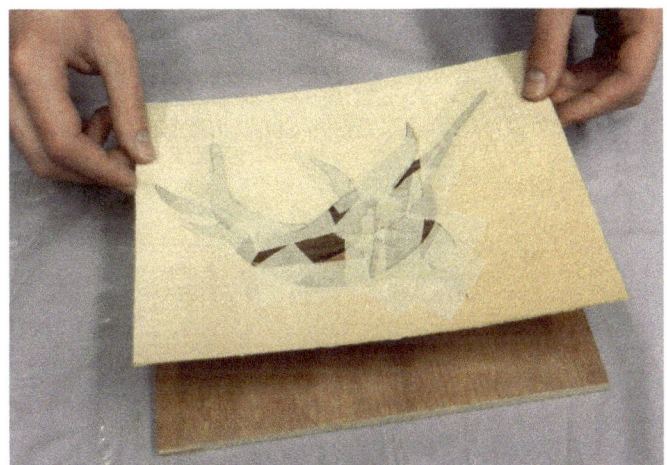

Appuyez fort avec le talon d'un marteau sur toute la surface de la marqueterie. Utilisez le petit côté du marteau pour aller dans les creux si un placage est moins épais que les autres.

Il ne reste plus qu'à poncer vos quatre œuvres et à les cirer ou les vernir.

Rendez-vous page 42 pour la finition.

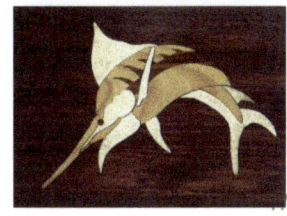

Emploi de la méthode "par superposition" pour faire des marqueteries relativement compliquées

Il suffit de mettre des placages plus nombreux dans le paquet. Du coup on se limite à assembler une ou deux marqueteries si les couleurs des autres ne s'accordent pas.

Ce tableau contient sept bois différents. Nombre proche du maximum, au-dessus un paquet devient difficile à scier avec une fine lame.

Fond : palissandre de Santos. Les plumes, en poirier et buis, sont ombrées au sable chaud (voir plus loin).

Le bec est en os. Et : sycomore, palissandre des indes, loupe d'orme teintée en vert. La pupille est un clou rajouté après le collage : pas très orthodoxe mais efficace…

22x 30 cm - dessin page 64

Une astuce, pour économiser du bois, consiste à placer dans le paquet (qui fait la taille de la marqueterie) des placages juste un peu plus grands que les éléments dans lesquels ils seront découpés.

Pour positionner les placages, on scotche dedans une photocopie du dessin, je ne l'ai pas mise pour ne pas cacher sur la photo le placage du fond :

Mais ces petits bouts de placages superposés font que le paquet n'est pas plat : il sera dur à tenir pendant la découpe de la marqueterie, il va vibrer.

Palissandre, tilleul, platane, poirier.
Les pupilles ont été découpées séparément dans une feuille d'aluminium.
20 x 20 cm

Un cheval qui roule vite. 37 x 32 cm : c'est une des plus grandes marqueteries faisables par superposition, car pendant la découpe le paquet butte dans la scie à chantourner à cause de la longueur limitée de son bras. Cela dit, quand on butte, on démonte la lame, on perce un trou ailleurs dans le paquet (sur le dessin), on y engage la lame et on continue à scier.

Fond : bois de violette et citronnier. Cheval en ébène. Et : padouk, merisier, sycomore, amarante. Les nombreuses découpes intérieures ont demandé de percer des petits trous sur le tracé pour engager la lame.

Les placages ont été sciés à la main jusqu'au début du XIXème siècle.

Les placages de bois

Si vous poursuivez la découverte de la marqueterie - ce dont je ne doute pas - vous aurez bientôt envie d'acheter des feuilles supplémentaires.

Pas besoin de s'y connaître. Sur internet vous verrez les placages en photo. Chez un négociant ils sont exposés sur des étagères. Vous choisirez à vue ceux que vous trouverez jolis. Prenez de préférence des essences aux couleurs bien marquées, dont les veines sont très visibles et qui présentent des dessins. Notez dessus leur nom à la craie.

Les feuilles sont vendues à l'unité ou par petites piles de dix ou vingt (moins chères dans ce cas). Le prix se calcule au mètre carré. Leurs dimensions sont variables, à partir de 30 cm. Si des feuilles sont très longues (jusqu'à quatre mètres!) demandez au vendeur de les couper en deux ou trois.

Chez certains fabricants, le placage est proposé en deux épaisseurs : 6 ou 9 dixièmes de millimètre. Le plus épais est le mieux, mais certains bois n'existant qu'en 6/10ème, nous ne nous en privons pas pour autant.

Pour redresser les placages gondolés ou renforcer ceux qui sont fragiles, voyez le chapitre complémentaire sur les bois, page 57.

Palissandre de Santos et citronnier de Ceylan.
L'achat des bois est pour le marqueteur un moment exaltant ; il rêve aux œuvres qu'il va créer grâce aux beautés de ses nouveaux compagnons d'atelier !

Fabrication des placages

C'est l'arbre qui fabrique le bois. Oui. Mais pour nous, le transformer en feuilles n'est pas une mince affaire. Sciées manuellement, puis avec des scies mécaniques, les **placages sciés** ne sont plus utilisés aujourd'hui que par les restaurateurs de meubles anciens.

Placage tranché. C'est celui que nous achetons pour nos tableaux. Cette technique a été inventée au milieu du XIXème siècle. Une bille (le tronc d'un arbre) est plongée plusieurs jours dans de l'eau chaude pour en ramollir le bois. Puis elle est tranchée par une lame sans dents, en feuilles parallèles.

L'acajou sapelli pommelé imite bien la fourrure du renard de la marqueterie que nous allons faire dans quelques pages.

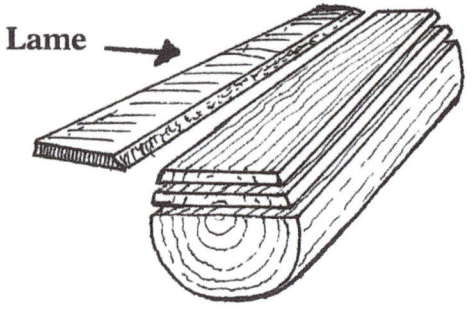

Placage déroulé. C'est un tranchage différent. Pour fabriquer des contreplaqués, il faut des grandes feuilles. La bille tourne sur elle-même et un peu comme avec un taille-crayon cela donne une feuille ininterrompue.

Pour nous c'est intéressant car cela crée des veinages très originaux. Le bois n'a pas les veines régulières des saisons, puisque la feuille « tourne autour ».

Ces effets se voient sur l'acajou sapelli pommelé, l'érable moucheté, certains boulots de Norvège…

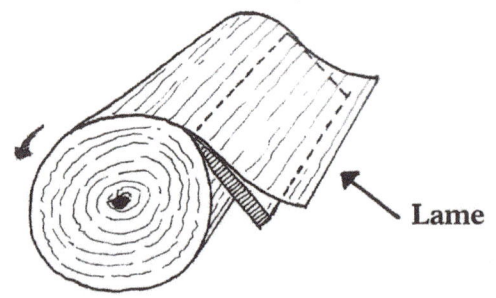

Derrière : bois de rose. Devant : poirier, ébène, abricotier, frêne, palissandre des Indes.

Les types de bois

- **Bois locaux** (européens). Orme, merisier, poirier, if, olivier...

- **Bois importés.** Surnommés *bois des îles* depuis les grandes conquêtes du XVème siècle : ébène, acajou, amarante, palissandre, bois de rose, de violette, citronnier, satiné…

- **Bois teintés.** La palette naturelle est très variée mais incomplète, on ne trouve ni bois vraiment vert, ni bleu. Depuis le XVIème siècle, pour y remédier les marqueteurs colorent dans leur épaisseur des placages en les plongeant dans des bains de colorant. Souvent du sycomore, parfois du boulot, platane, tilleul, poirier, charme, frêne, érable moucheté…

A l'inverse, des bois clairs sont décolorés pour les rendre très blancs.

Mais les couleurs d'une marqueterie n'ont pas besoin d'être complètement réalistes et les tons des bois teintés chimiquement aujourd'hui sont trop crus, il est plus fascinant et beau d'employer des tons naturels. Cependant les enfants aiment les couleurs vives... ce qui compte c'est qu'ils prennent goût à la marqueterie.

Interprétation d'une image d'un calendrier anglais.
Le fond est en sycomore, bois habituellement beige très clair.
Cette large feuille est, chose rare, joliment rosée naturellement et veinée. Les bleu, vert et orange sont teintés. 44 x 34 cm

25

Effets particuliers

Les loupes. Bois de bosses engendrées par les arbres malades ou gênés dans leur croissance (par un fil de fer quelquefois). Le développement du bois y est anarchique, il y a une multitude de petits nœuds et un veinage très « fouillis ». Souvent magnifique.

Loupe de thuya

Les ronces. Au départ d'une branche ou des racines, le bois présente des belles veines arrondies et torturées. On parle de « flamme » principalement pour l'acajou et le noyer. Elles ressemblent à une cage thoracique, ou à des vagues…

Flamme d'acajou de Cuba

Bois maillé. Les rayons médullaires dans lesquels circule la sève ont été tranchés par la lame pendant la fabrication du placage. La section de chacun forme un petit rond dans lequel la sève à séché et forme un petit miroir. Cette multitude de petits miroirs qui réfléchissent la lumière et scintillent s'appelle la maille.

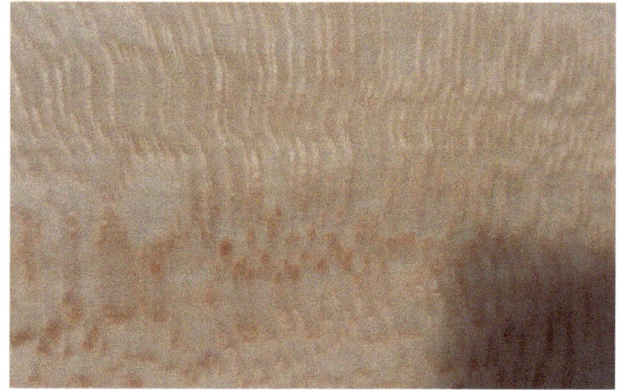

Platane maillé, étrangement intéressant... La maille très fine se voit à peine sur la photo.

Bois moiré : reflets lumineux et sombres qui s'inversent quand on se déplace.

Citronnier moiré

Bois poivré : qui a des zones parsemées de points noirs, comme ce ciel en if.

Bois ondé. Comme son nom l'indique, il présente comme des ondes lumineuses à sa surface, en travers du fil du bois.

Bois moucheté (à gauche). L'acajou de Cuba moucheté est magnifique. Voici de l'érable moucheté, essence employée déjà sous la restauration (1815), puis dans la première moitié du vingtième siècle par les ébénistes Gallé et Majorelle.

Bois rubané. Présente l'apparence de rubans clairs et foncées, sans qu'il s'agisse des veines des saisons. Il peut représenter dans une marqueterie un tapis, du papier peint, un tissu rayé...

Douka ondé

Satiné rubané

Vous verrez que vous aurez déjà, au bout de deux ou trois marqueteries réalisées, la technique pour en faire une du niveau de celle-là.
Les filles et la licorne. Admirez la robe de celle-ci, en loupe de peuplier.   42 x 33 cm

La comète, marqueterie contemporaine. Loupes d'orme, de vavona, de tuya, de formosa... fondues selon une méthode de ponçage que nous verrons dans le tome 2. 40 x 30 cm

Tableau très simple, dont la beauté réside dans le choix des veinages des trois bois du ciel, de la terre et de l'arbre.

Pen Duick, d'Eric Tabarly
La mer est un bel exemple d'utilisation de flamme d'acajou. Le ciel est en palissandre de Madagascar fondu avec du péroba rose. 80 x 54 cm

Paysage des canaris. 21 x 15 cm

1. *Merisier*
2. *Boulot de Norvège teinté bleu clair*
3. *Avorio Olivato*
4. *Loupe d'orme teintée vert (rochers)*
et sycomore teinté vert (palmier)
5. *Sycomore teinté vert clair*
6. *Bois de rose*
7. *Palissandre de Madagascar*
8. *Noyer*
9. *Louro-faïa*
10. *Palissandre des Indes*

Adam et Eve. Ciel : prunier. Corps : poirier blanc. Sol : péroba jaune et loupe de noyer... 33 x 27 cm

Marqueterie découpée "élément par élément"

Scier un par un chaque morceau de placage permet de réaliser de grandes marqueteries, sans limitation du nombre d'essences de bois.
(Vous pouvez commencer par cette méthode sans passer par la "superposition".)

Oiseaux : loupe de formosa et sycomore maillé. Nid : platane maillé. Fleurs orangées : péroba rose. Fond en ébène verte.
Détail d'une marqueterie, dessin page 66.

Le renard et la cigogne, proposition de légende :

1 merisier – 2 palissandre – 3 acajou pommelé - 4 noyer - 5 avorio olivato - 6 sycomore naturel - 7 louro faïa - 8 loupe de formosa – 9 buis amarello – 10 bois de rose – 11 amarante – 12 bois de violette - 13 tulipier – 14 ébène vert.

Matériel

Placages. Chacun de vous fera une marqueterie différente de la mienne, et tant mieux, en fonction des placages qu'il possède et de ses goûts. A chaque bois on attribue un numéro noté sur le dessin.

Huit **photocopies** du dessin *du renard et de la cigogne* agrandi au format A4 : 21 x 29,7 cm.

Le **matériel décrit pour l'espadon** : scie à chantourner, cutter, règle, marteau, carton et ruban adhésif.

Plus :
Une **petite pince pointue** pour saisir les éléments de placage. Souvent on prend une pince à épiler mais elle peut être de philatéliste ou médicale.

Une **perceuse** avec une petite **mèche** de 2 ou 3 millimètres.

Des **pointes** à tête plate de préférence, de 10 x 0,7 mm environ (si vous trouvez des petits clous un peu plus grands, ça ira).

Facultatif : Pour ombrer les éléments, trois centimètres de **sable** dans une **poêle** et un **réchaud**.

Ce matériel sert à composer la marqueterie. Pour son collage sur son support et sa finition, voyez page 42.

Exercice d'entrainement

Avant de commencer *Le renard et la cigogne,* je vous conseille de découper ce pique pour vous habituer à scier "élément par élément".

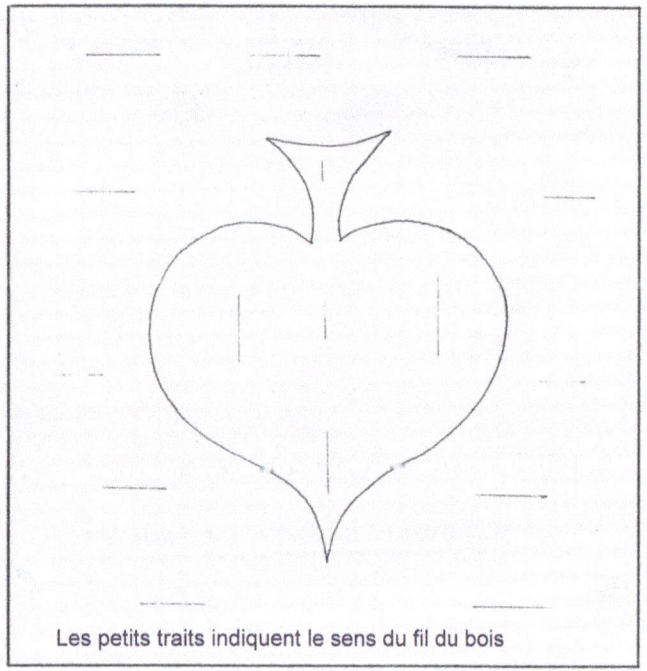

Les petits traits indiquent le sens du fil du bois

Photocopiez le dessin en deux exemplaires, en l'agrandissant pour avoir des côtés de 12 cm. ((Pourcentage à indiquer : dimension du dessin qu'on veut obtenir divisé par celle de celui qu'on photocopie x 100.)

Placages. Ce motif se compose de deux éléments : le fond et le pique. Choisissez un bois clair et un foncé. J'ai pris de l'aniégré et d'acajou d'Afrique (sapelli).

Formation des deux paquets. Coupez au cutter deux carrés de placage : un de 12 cm pour le fond et un de 10 cm pour le pique. Placez chacun entre deux carrés de carton de cette taille. Fermez ces paquets avec du ruban adhésif.

Tranchez au cutter le pique en papier, à 2 mm du trait.

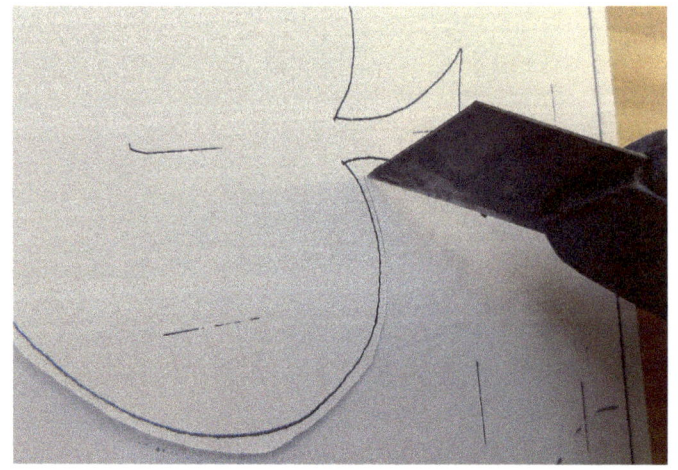

Encollez le dessus du paquet du pique, avec de la colle à papier, ou avec comme ici de la colle blanche à bois à prise rapide : mettez-en peu pour ne pas trop mouiller le papier de l'élément qui se déformerait.

Découpe. Commencez par le pique.

Une main placée près de la lame appuie sur le paquet pour l'empêcher de vibrer. L'autre main le fait pivoter.

Sciez sur le trait, très lentement car il ne faut pas du tout dévier. Au début le mouvement de haut en bas rapide de la lame de la scie fait qu'on a l'impression d'être « aspiré » en avant : entrainez-vous à maîtriser votre avancement en arrêtant de progresser et en repartant tout doucement.

De même pour le fond. Dans ce paquet un petit trou a été percé pour y engager la lame, mais vous pouvez entrer en coupant le paquet, ce n'est qu'un exercice.

Contrairement à la méthode "par superposition", pour scier des angles bien nets on peut faire des manoeuvres avec la lame. Je les détaille page suivante pour un creux, le principe est le même pour une pointe.

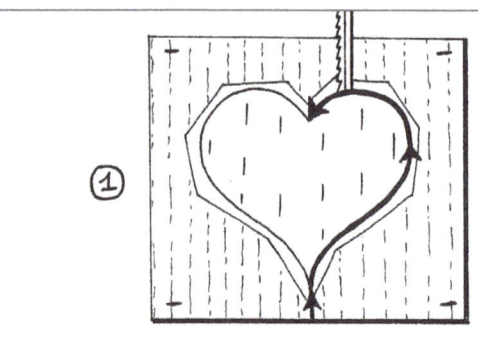

Attaquer par la pointe du motif. Scier jusqu'au creux.

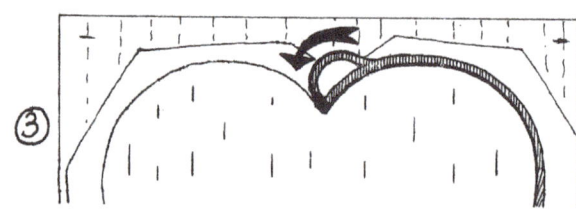

Scier un peu plus large de façon à faire un petit trou.

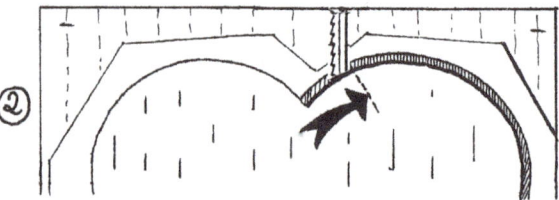

Reculer la lame de 5 mm environ.

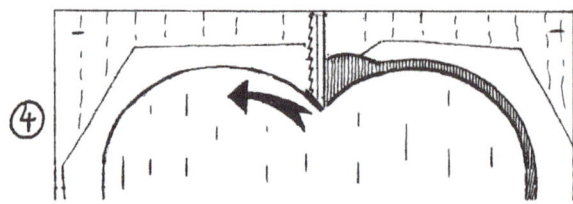

Tourner la lame dans ce trou et placer son dos dans l'angle. Repartir à angle aigu.

Les débutants arrêtent la scie en cours de manœuvre et la redémarrent ; avec l'habitude elle reste en marche.

Attention, quand vous découperez le fond, faites les manœuvres *à l'intérieur* du pique (qui sera évidé, donc on peut l'abîmer).

La première fois c'est un peu difficile, mais vous allez voir que l'aisance viendra plus vite que vous ne croyez. Nous visons une précision "honorable", je veux dire que quand on regarde la marqueterie à une distance d'un mètre, on ne remarque que sa beauté, les joints entre ses éléments ne sautent pas aux yeux.

Cette œuvre d'Hervé Foucat, devenu depuis excellent, devrait vous décomplexer...

Composition du tableau *Le renard et la cigogne*

Eléments de papier. Tranchez au cutter chaque morceau du dessin, à un millimètre ou deux à l'extérieur du trait. En coupant un élément on empiète sur ceux d'à côté, cela explique qu'on ait besoin de plusieurs photocopies du dessin.

Ignorez pour l'instant les yeux des animaux, nous les incrusterons quand la marqueterie sera collée sur son contreplaqué.

Regroupez par essence de bois vos éléments de papier (ceux qui portent un même numéro), en les espaçant de 2 mm. La surface occupée, plus un cm de marge tout autour, vous donne la taille du placage dont vous avez besoin.

Pour ne pas oublier d'élément, on grise au crayon à papier sur un dessin au fur et à mesure ceux qu'on prend.

On appelle *cale martyre* le panneau de contreplaqué sur lequel on tranche le papier et les placages, car elle souffre à la place de la table.

Formation des paquets

Pour chaque essence de bois, faites un paquet contenant <u>deux placages</u>. Car vous découperez deux marqueteries identiques en même temps (une pour vous, une pour offrir).

C'est le grand avantage de cette méthode, on peut mettre dans les paquets jusqu'à six placages, au-delà cela devient difficile à scier.

Faites les d'environ 20 x 15 cm, peu importe, adaptez-les à la taille des bois que vous avez.

Placages fragiles. Recouvrez les fentes avec du ruban adhésif. Si tout le placage est fragile, s'il risque de casser pendant la découpe, renforcez-le en le recouvrant complètement de ruban adhésif (si en plus il est gondolé, collez dessus un papier, cf page 66).

En formant le paquet, placez ce ruban adhésif dessus, vous l'enlèverez quand la marqueterie sera collée sur son support.

Au fond : louro-faïa et tulipier. Au milieu : acajou de cuba et bois de violette. Amarante devant.

Collez les éléments de papier sur les paquets :

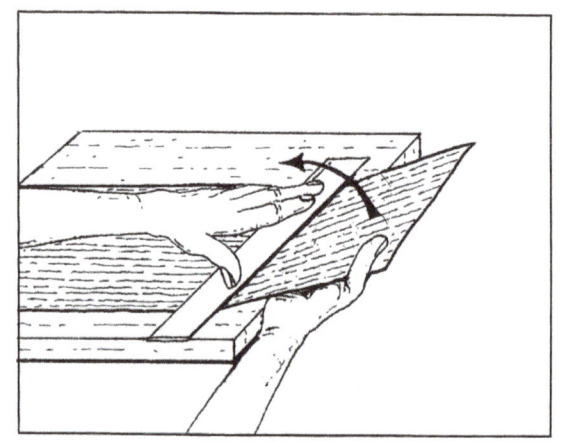

Coupe du placage : un coup de cutter le long d'une règle et on le casse en le relevant.

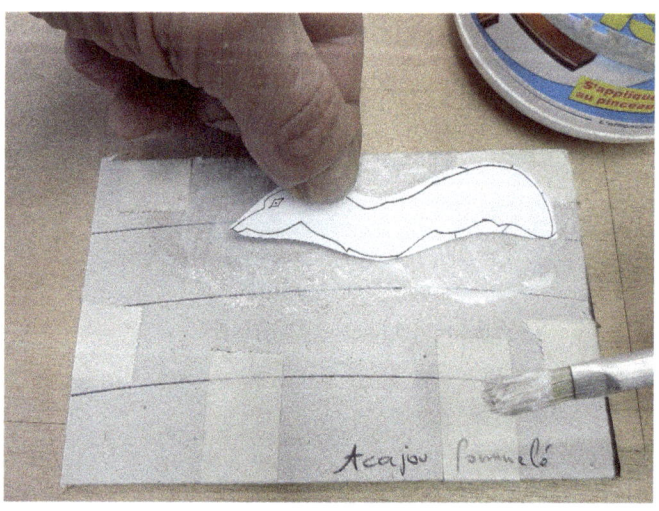

N'importe quelle colle fait l'affaire. La colle blanche à bois à prise rapide est idéale.

Remarquez sur la photo précédente que :

- J'ai noté sur le carton du dessus le nom du bois : *acajou pommelé*.

- J'ai représenté par des traits le sens du fil du bois. On met en principe les éléments dans le sens de leur longueur.

Placez la partie la plus compliquée d'un élément vers le bord du paquet, afin de la découper en premier, tant que l'élément de placage est encore bien solidaire du paquet.

Plantez deux ou trois pointes à placage autour des éléments

pour rigidifiez le paquet. « Scellez » ces pointes en rabattant au marteau leurs extrémités. Placez ces extrémités sur le dessus du paquet pour ne pas qu'elles accrochent la table de la scie (ou recouvrez-les d'un bout de ruban adhésif).

Sur cette version du tableau moins ombrée, le vase est en "bois de travers" pour donner l'impression qu'il a été tourné au tour de poterie.
Les herbes sont en sycomore teinté clair et foncé et non pas en tulipier (légèrement vert naturellement). De violet, l'amarante est devenu marron-rouge en vieillissant.

J'ai indiqué le sens du fil sur les ailes de la cigogne pour ne pas me tromper en les collant sur le paquet. La grande est placée en travers du bois pour une raison esthétique.

Les paquets serviront pour faire d'autres marqueteries.

Découpe

Le fond. La ligne d'horizon étant droite, assemblez le ciel et de la terre. Faites vos deux fonds plus grands d'un centimètre que le dessin, ce qui donne un paquet de 23 x 32 cm.

Pour assembler bien jointifs deux placages, on colle des morceaux de ruban adhésif en travers, puis un en longueur.

Rigidifiez le paquet du fond avec des pointes à placages placées dans le renard, le vase et la cigogne.

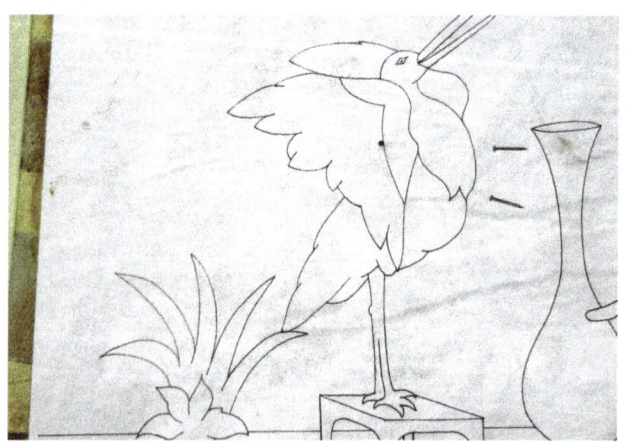

La pointe est repliée au marteau derrière. Son extrémité est recouverte d'un bout de ruban adhésif pour ne pas qu'elle accroche la table de la scie.

Des éléments. Commencez par le côté situé près du bord du paquet. Si vous partez directement vers l'intérieur, l'élément se détachera avant que vous ayez fini de le scier.

"Gravures à la scie". La lame doit passer sur tous les traits du dessin. Elle entre donc dans certains éléments et ce trait sera visible. Il y a par exemple des gravures dans la queue et les pattes de la cigogne.

Du fond. Percez deux petits trous : un dans le renard et un dans la cigogne. Ils serviront à engager la lame de la scie dans le paquet.

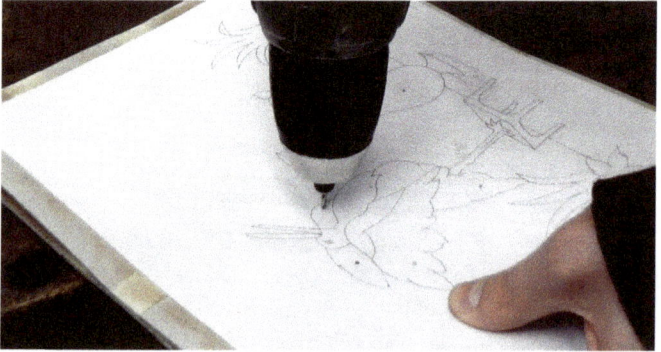

Attention, pendant la découpe du fond les manœuvres de la lame (pour les angles) se font *à l'intérieur* des éléments. Et ne redécoupez pas la ligne d'horizon ! (vous pouvez l'effacer au correcteur blanc sur le dessin pour éviter une étourderie.)

Collez du ruban adhésif sur et sous le paquet au fur et à mesure de sa découpe. Quelquefois il vaut mieux enlever et mettre de côté des petits éléments qui risquent de bouger à l'intérieur du paquet (par contre il est préférable de garder les gros pour ne pas affaiblir sa rigidité).

Marqueteur assemblant une marqueterie, dessiné sous Louis XVI par l'ébéniste Roubo dans son livre "Art du menuisier" (1772).

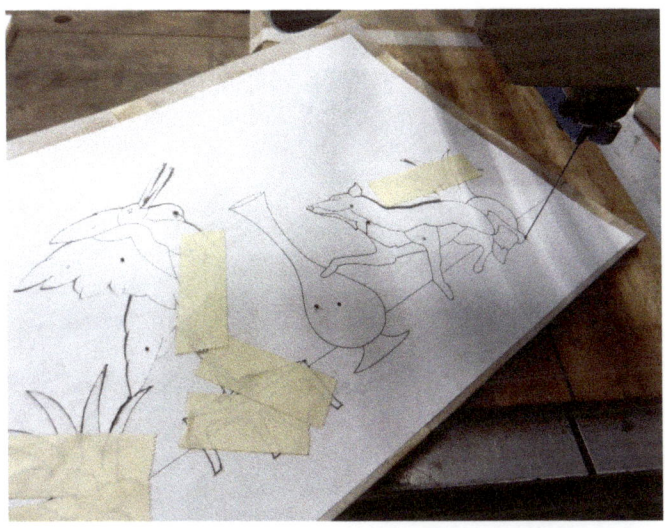

Une fois le paquet ouvert, le fond est prêt à recevoir ses éléments.

Ombrage au sable chaud

Cette étape est facultative. Plonger un élément de placage dans du sable très chaud le brûle légèrement, le brunit en dégradé. Cela donne une impression d'ombre et donc de relief.

On peut pousser un peu plus le brunissement de cette aile en la laissant plus longtemps dans le sable ou en l'enfonçant plus profondément dedans.

Disposez vos éléments de placage en reproduisant le dessin éclaté, pour les repérer et les saisir facilement.

Tous les sables conviennent, le plus fin étant le meilleur (il suffit de le tamiser avec une passoire). Trois centimètres d'épaisseur dans une poêle.

Chauffer-le sur un réchaud réglé à son maximum. Faites un essai en y plongeant une chute de placage tenue au bout d'une fine pince métallique.

Quand la bonne température est atteinte, baissez un peu le réchaud : thermostat 4 ou 5 sur 6. Un réchaud à gaz convient aussi, bien sûr.

Façonnez le sable en creux ou en bosse pour épouser la forme de l'élément.

Les bois s'ombrent plus ou moins vite selon les essences, d'où le risque d'être surpris et de trop brûler l'un d'eux.

Plus on plonge les éléments en biais, horizontalement dans le sable, plus l'ombre sera allongée.

Déplacez-les plusieurs fois pour que la limite de l'ombre soit dégradée.

**La marqueterie ombrée et assemblée (le ruban adhésif est derrière.)
Un tableau en bois de moins d'un millimètre d'épaisseur.**

La chaleur déforme les bois mais ils s'aplatiront pendant le collage de la marqueterie. Toutefois si un placage sort trop cintré du sable, posez dessus un objet lourd pour qu'il se redresse en refroidissant.

Au cours du ponçage de la marqueterie, une partie superficielle de l'ombrage disparaîtra (surtout pour les bois durs qui ne s'ombrent pas facilement à cœur). N'hésitez pas à ombrer franchement. N'oubliez pas que si les couleurs des bois s'atténuent avec le temps, l'ombrage lui ne bouge pas : bonne raison pour soigner cette étape difficile mais essentielle, qui donne du relief, des contrastes et de la vie à un tableau.

L'ombrage donne leur relief à ces fleurs.

43

Assemblage de la marqueterie

Sous la chaleur du sable les bois ont un peu rétréci. Attendez quelques heures après avoir ombré afin qu'ils reprennent leur taille en absorbant l'humidité ambiante (le bois mouillé gonfle). Si un élément a trop rétréci, humectez, à peine, son côté creux. S'il se rallonge trop, chauffez son côté bombé avec un sèche-cheveux ou avec un décapeur thermique.

Vous vous direz peut-être au début : zut, rien ne rentre. En fait, en regardant de près vous verrez que quelques aspérités seulement empêchent les éléments de coïncider. Reprenez-les légèrement au cutter ou bien poncez leurs bords avec du papier de verre ou avec une lime à ongles : soudain tout rentre.

Si les placages s'écartent (les bois se déforment un peu), jouez avec l'élasticité du ruban adhésif pour les rapprocher entre eux.

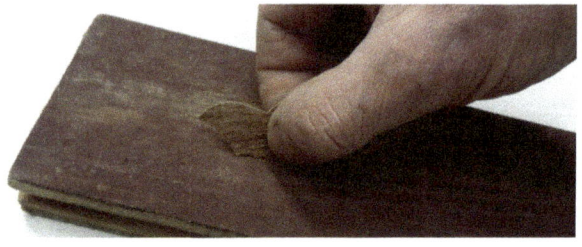

Tous les marqueteurs rectifient quelques éléments au cours du montage d'une marqueterie.
J'ai collé du papier de verre sur une planchette, c'est pratique et cela permet aussi de bien "dresser" le bord d'un placage droit.

Placage du tableau

Supports : Deux panneaux de contreplaqué de dimension A4 et de 12 mm d'épaisseur.

Colle néoprène

Sa prise instantanée lui donne l'avantage de ne pas avoir à être serrée, ce qui simplifie. C'est une très bonne colle, vous pouvez lui faire confiance. Mais les placages doivent être plats, ou presque. Pour cette taille de marqueterie assez petite, on peut encore utiliser un tube (liquide, pas gel, voir le premier chapitre).

Colle en pot : étalez au pinceau, ou avec un bout de carton en guise de spatule, une fine couche de colle, régulièrement toute la surface de la marqueterie. Idem sur son contreplaqué.

Attendez dix minutes. Appliquez-les. Appuyez fortement les placages avec un marteau.

Colle blanche à bois - matériel

Préparez-le à l'avance car il faut serrer la marqueterie dès qu'elle entre en contact avec la colle. Sinon ses placages s'allongent en s'humidifiant et se chevauchent.

- Cales de serrage : deux contreplaqués un peu plus grands que la marqueterie, soit 23 x 32 cm environ et de 15 mm d'épaisseur minimum.

- Un carton de 23 x 32 mm.

- Une feuille de plastique. Celui qui sert à recouvrir les livres est parfait.

- Six bons serre-joints.

- Colle blanche à prise normale ou rapide, peu importe.

Ici le support en contreplaqué est plus grand que la marqueterie, il faudra le recouper après.

Collage. Enduisez le panneau d'une couche de colle (n'en mettez pas sur la marqueterie dont les placages se gondoleraient).

Posez dessus la marqueterie.

Recouvrez-la de la feuille plastique et du carton qui servira à rattraper les différences d'épaisseur des placages.

Mettez une cale de serrage dessus et dessous.

Serrez 12 heures pour la colle normale, 2 heures pour la rapide.

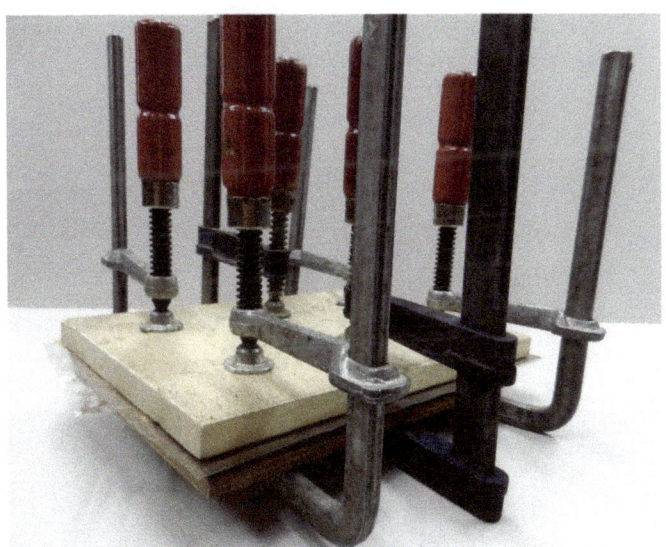

Conseil : Avant de coller votre marqueterie, recouvrez de ruban adhésif les bords du panneau pour les protéger de la colle. (Cela vous évitera d'avoir à la gratter ensuite à la rappe ou au cutter.)

Enlever le ruban adhésif

Desserrez, retirer le plastique et laissez encore sécher la marqueterie une demi-journée pour la colle normale, une demi-heure pour la rapide.

Soulevez le ruban le plus horizontalement possible. Un ciseau à bois est utile pour l'attraper, ou simplement la pointe d'un cutter.

On peut s'aider aussi d'un décapeur thermique ou d'un sèche-cheveux car le ruban adhésif se décolle mieux si on le chauffe un peu (très peu).

Si les fibres du bois d'un élément s'arrachent, attrapez le ruban adhésif par l'autre côté.

Incrustation des yeux

Incruster un petit élément quand la marqueterie est plaquée permet de l'ajuster très précisément.

Tranchez un œil en forme de losange dans du palissandre pour la cigogne ou du sycomore pour le renard (mais avant, pour ne pas qu'il éclate recouvrez ce placage avec du ruban adhésif).

Posez l'œil à son emplacement sur l'animal. Maintenez-le en l'appuyant par exemple avec la pointe d'un crayon. Marquez doucement son contour de quatre coups de cutter.
Astuce pour ne pas que l'œil glisse : collez-le avec du scotch double face transparent sur la tête de l'animal (on en trouve en papeterie).
Enlevez l'œil, finissez l'encoche au cutter.

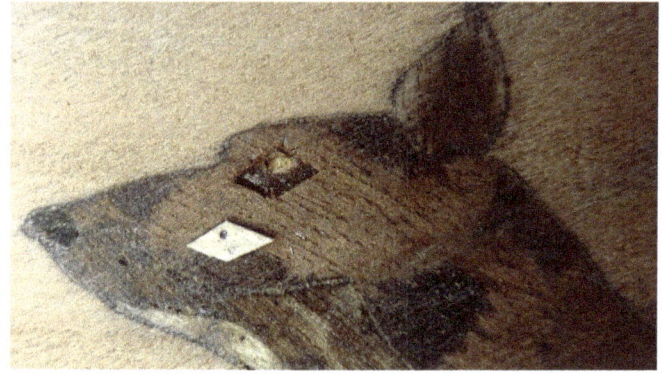

Déposez une goutte de colle dans le logement ; enfoncez l'œil en l'appuyant avec le talon de votre marteau.
Percez sa pupille avec une mèche d'un millimètre (ou avec un petit clou). Bouchez ce petit trou en y plantant un bout de placage taillé au cutter.

Placage des chants du tableau

Coupez au cutter le placage qui dépasse sur les quatre bords, les "chants", du panneau.
Aplanissez-les avec du gros papier de verre sur une cale en bois.
Pour terminer on peut simplement les foncer avec une teinte genre brou de noix ou les peindre en marron. Mais les perfectionnistes prendront le temps de coller des bandes de merisier qui donneront l'illusion que le support est en bois massif.

Coupe des bandes. A droite un serre-joint tient la règle (n'importe quel tasseau ou chute de bois sert de règle).

Préparez quatre bandes de placage de deux millimètres de largeur de plus que l'épaisseur du panneau (donc 14 mm).

Déposez une couche uniforme de colle néoprène sur un chant. Etalez-la avec un bout de carton. De même sur une bande.

Attendez dix minutes. Appliquez la bande sur le bord encollé. Pressez-là fortement avec une cale en bois.

Coupez ce qui dépasse en largeur. Finissez d'affleurer la bande au papier de verre. Plaquez un deuxième côté, etc.

Coupez chaque extrémité de la bande : amorcez la cassure d'un coup de cutter puis donnez un coup sec avec une cale à poncer (un bout de bois ou de cp de 45 x 90 mm).

Scie à placage, un cutter irait aussi.

Finition

Ponçage. Utilisez du papier de verre (ou comme sur la photo de la toile abrasive) d'assez gros grain : 120 environ ; puis moyen : 180 ; puis fin et même très fin : 240 à 320.

Chaque ponçage efface les rayures du papier de verre précédent.

Commencez avec une cale à poncer (un simple morceau de bois). Lorsque les placages sont aplanis, terminez au papier fin, sans cale, du bout des doigts.

Changez plusieurs fois de direction en ponçant, pour ne pas creuser le placage à certains endroits.

Pour tenir la marqueterie, deux morceaux de contreplaqué moins épais qu'elle sont fixés par des serre-joints.

Cirer. La marqueterie prend soudain ses couleurs ! Très vives sur le moment, elles s'atténueront quand la cire séchera.

Passez au pinceau de l'encaustique blond (mélange de cire d'abeille et d'essence de térébenthine) pour meuble. Essuyez le surplus avec un chiffon. Faites briller le lendemain avec un chiffon en laine qui ne peluche pas. Recirez une semaine après.

Vernir accentue un peu plus les couleurs et les différences de veines des bois que cirer. Achetez un vernis ébénisterie satiné incolore. Passez deux couches espacées de 6 heures. Poncez légèrement au papier de verre très fin et appliquez une troisième couche.

Astuces. Si la profondeur de votre scie est insuffisante pour découper le grand paquet du fond :

- Quand vous butez sur son bras démontez la lame et engagez-la plus loin sur le dessin de la marqueterie (en y perçant un nouveau petit trou) : vous pouvez continuer à découper.

- Ou bien dessinez un fond en plusieurs parties pour ne pas avoir un immense élément à scier, comme celui du Dr Duck, en frêne, érable moucheté et palissandre :

Il y a dans cette marqueterie d'autres matériaux que le bois : écaille, os, étain et nacre, matériaux dont je parlerai dans le tome 2.   60 x 54 cm

Pour que les trois placages A, B, C du fond s'ajustent bien : Faites l'un d'eux, le C, plus grand d'un centimètre.

Assemblez A et B. Glissez C sous eux ; tracez ses deux bords en vous guidant sur les leurs. Coupez

les au cutter, le tour est joué.

Conseils et idées

Ces lunettes-loupe de bijoutier grossissent quatre fois, ce qui permet d'être très précis pour découper et assembler les éléments. Mais elles sont bien sûr facultatives !

Avant de scier un fond compliqué, pour ne pas vous tromper : coloriez les petites parties du fond qui vont se détacher et qui sont à garder précieusement.

*En bleu : les morceaux de fond à mettre de côté.
(Instruments de navigation).*

Les scies à chantourner à bras oscillant **n'utilisent que quelques dents de la lame**. Lui couper 5 mm quand elle est usée, avec des tenailles, décale les dents qui scient, cela retarde le moment de la remplacer.

Autre astuce pour décaler les dents : posez sur la table de votre scie un contreplaqué, fendu devant d'un coup de scie, pour y glisser la lame. Ce contreplaqué a aussi l'avantage de réduire la lumière (le trou) de la table de la scie, pour découper les petits éléments.

Frotter la table de la scie avec un morceau de paraffine ou de savon permet aux paquets de pivoter plus facilement.

Ombrage « à la pelle ». Pour ombrer le milieu d'un élément, déposez dessus du sable brûlant avec une cuillère.

Un interrupteur à pied intercalé entre la scie et la prise de courant permet d'arrêter facilement la lame pour faire les manœuvres dans les angles.

Espaces entre les éléments

Bâtons de cire teintée vendus sous le nom de « cire à reboucher » dans les drogueries.

Tablettes pour poser vos éléments : un rectangle de contreplaqué et quatre baguettes collées ou clouées.

Quelques joints creux sont visibles ?

- Marqueterie cirée : Attendez que la cire sèche (ou accélérez son séchage avec un sèche-cheveux). Comblez les joints en frottant dessus avec un bâton de cire préalablement un peu tiédi dans vos mains. Enlevez le surplus en frottant avec un chiffon. Astiquez la marqueterie.

- Marqueterie vernie : Comblez les joints après la première couche de vernis. Frottez plusieurs fois avec des chiffons propres pour bien dégraisser le bois avant de passer la deuxième couche de vernis.

Gravures au cutter. Après le collage de la marqueterie sur son support, poncez un peu pour nettoyer le placage. Dessinez dessus au crayon la gravure à réaliser.

Faites deux passes de cutter, en V, sur le trait de crayon. Et finissez de poncer.

Rebouchez ce sillon avec un bâton de cire à reboucher : la gravure apparaît.

Les feuilles et les pétales, sont légèrement gravés, et comme souvent au dix-huitième le marqueteur a mis de l'encre dans les gravures pour les marquer. Il est délicat de restaurer une marqueterie sans les effacer, on ne peut pas la poncer, ou à peine. (Bonheur du jour en photo page 6.)

Pour ne pas confondre des petits éléments presque semblables, attribuez-leur une lettre sur le dessin.

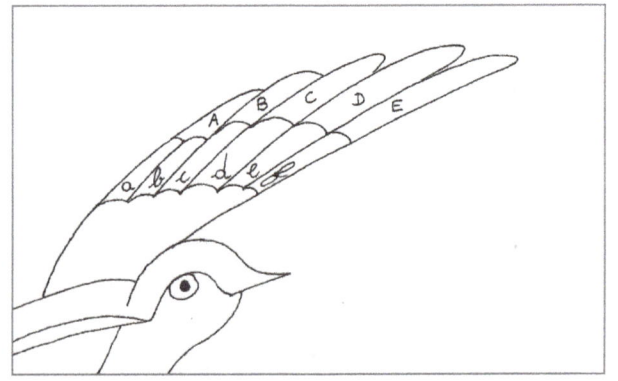

Augmenter la précision d'une marqueterie. Assemblez les éléments en les serrant au maximum les uns contre les autres, sans vous occuper de l'espace qui restera pour le dernier. La ruse consiste à ne pas utiliser cet élément mais *à le redécouper* exactement de la forme de l'espace qui reste à remplir. Voici comment :

Placez une feuille de papier sous la marqueterie. Tracez l'emplacement de l'élément à redécouper. Ce dessin sert d'élément de papier : collez-le sur le paquet du bois concerné. Sciez le nouvel élément. N'oubliez pas de l'ombrer si besoin.

Relevé du contour du nouvel élément exactement ajusté. En pointillés : la feuille de papier blanc glissée sous la marqueterie.

Une cale en pont permet de serrer le milieu d'une marqueterie quand on a pas de serre-joint assez profond.

Une ponceuse vibrante fait gagner du temps, en y allant doucement car il ne faut pas trop affiner le placage (grain 120 assez rapidement, puis 180). Comme elle chauffe le bois, laissez le refroidir de temps en temps sinon il risque de se décoller.

Restez bien à plat, entrainez-vous avant en ponçant du contreplaqué si vous n'êtes pas habitués à cette machine.

Il vaut mieux acheter votre **ruban adhésif** dans une papeterie pour qu'il soit de bonne qualité (certains perdent leur colle sur le bois, d'autres collent mal). Par exemple le Tésa ou 3M employés par les architectes pour fabriquer leurs maquettes.

Elément fait "par superposition" incorporé dans une marqueterie " élément par élément ".

Pour confectionner le tissu rayé du gilet du charpentier de marine, j'ai fait un paquet avec un placage de bois de violette et un de palissandre. J'ai découpé dedans des bandes courbes, que j'ai ensuite assemblées en alternant une claire, une foncée... Puis j'ai constitué un paquet avec ce nouveau placage : "tissus rayé" dans lequel j'ai découpé le gilet.

Cette méthode permet de faire assez facilement des tableaux compliqués.

Marqueterie page 7. *Le charpentier optimiste.* **60 x 83 cm**

Encadrer une marqueterie

Voici une méthode qui donne des coupes parfaites dans les angles.

Coupez quatre bandes de placage.

Fixez une bande sur un côté de la marqueterie.

Tranchez ses angles à 45 degrés en plaçant votre règle sur la diagonale d'un carré qui a pour côté le petit côté de la marqueterie.

De même avec la bande du côté opposé.

Passez une 3° et une 4° bande sous les deux premières. Scotchez-les.

Tranchez leurs angles en glissant la lame de cutter le long des premières coupes.

Maintenez avec du ruban adhésif les angles pour qu'ils ne s'ouvrent pas pendant le collage de la marqueterie.

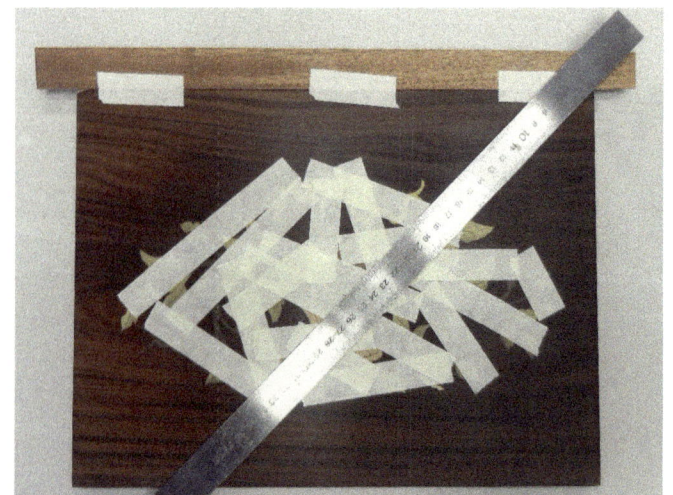

Filets vendus au mètre par les marchands
de placage.

Le fin cadre est un "filet composé".

Autre idée : changer de forme

Médaillon

Composez la marqueterie sur un fond d'ébène rectangulaire (dessin page 67).

Formez un paquet composé d'une grande feuille de palissandre et de cette marqueterie.

Mais avant de le fermer, tracez un trait horizontal et un trait vertical sur la marqueterie ainsi que sur une photocopie du dessin : traits qui passent exactement aux mêmes endroits sur les deux.

Reportez ces droites sur le carton du dessus du paquet. Fermez le paquet et collez dessus le dessin en superposant les droites.

Percez un petit trou sur le dessin de l'ovale.

Engagez la lame de scie et découpez l'ovale (par superposition, donc).

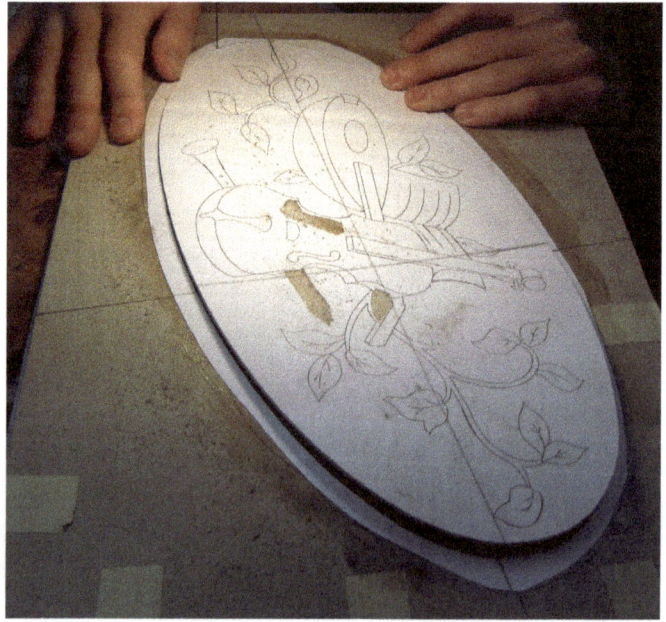

Filet (facultatif).

Afin d'avoir l'espace nécessaire pour insérer le filet, ouvrez les côtés du fond en palissandre dans le sens du fil du bois.

Insérez le filet en le maintenant au fur et à mesure avec du ruban adhésif.

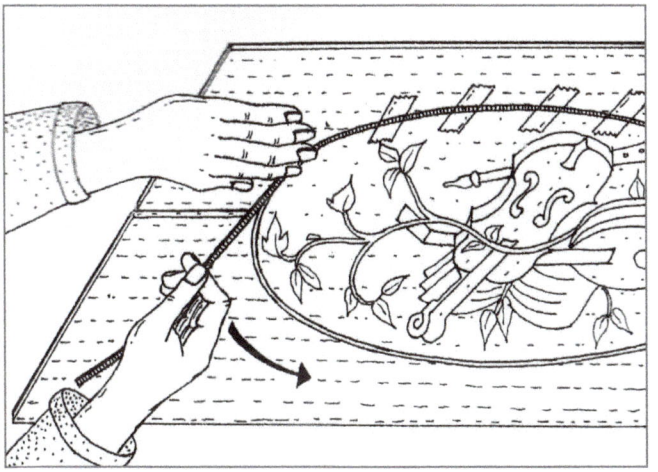

Il ne reste plus qu'à fabriquer des petites bandes de palissandre pour « restaurer » les fentes des côtés. Pour obtenir leur dessin, c'est simple : placez un pacage de palissandre sous une fente et tracez au crayon la bande qui manque. Tranchez-la au cutter.

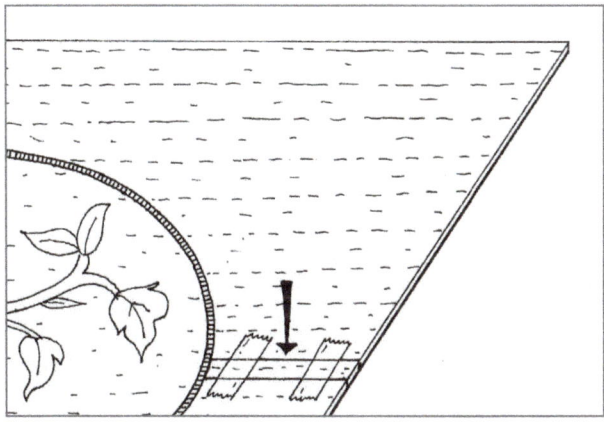

Tracer une ellipse

L'ovale d'un médaillon est en général une ellipse. Plantez deux clous, attachez une ficelle. Tracez en tirant avec un crayon sur la ficelle :

Le dessin

Pour obtenir un motif qu'il peindra à coup de pinceaux façonnés par la nature, le marqueteur n'a pas besoin de savoir dessiner. Il est entouré d'idées graphiques qu'il peut interpréter : motifs de tapisserie, bandes dessinées, croquis, photos, affiches... Il lui suffit de décalquer en simplifiant, et surtout en compartimentant les éléments.

Grâce à un photocopieur, l'astuce pour obtenir un dessin précis est d'agrandir beaucoup l'original avant de le décalquer, puis de réduire son dessin. En plus cela affine les traits. Essayez par exemple avec le chat, page 20.

Si le dessin est très grand, il suffit de raccorder plusieurs photocopies avec du scotch .

Diminuer les difficultés

- Les angles aigus demandent des manœuvres avec la lame de scie. B sera plus facile à découper que A :

- Dessiner des gravures à la scie sur un élément peut éviter de le morceler en plusieurs petits.

- Evitez de dessiner de nombreuses découpes intérieures car il est ennuyeux de démonter souvent la lame de la scie pour l'engager dans les paquets. Il suffit de relier les éléments entre eux. Si l'on ajoute une flaque d'eau dans le tableau du renard et de la Cigogne, il n'y a plus qu'un trou à percer dans le fond au lieu de deux.

Dessin relevé sur une boite de céréales au chocolat.

Le dessin est décalqué à partir d'une ancienne affiche. Les deux versions du tableau sont découpées en même temps en mettant deux placages différents dans le paquet de la carrosserie de la voiture : palissandre et écaille de tortue colorée en rouge (méthode élément par élément). 40 x 28 cm

Motif en amarante découpé par superposition sur cette jolie travailleuse plaquée en loupe de frêne. (Epoque restauration, pieds en lyre.)

Anita Jany
Battaszek.
Allemagne

Marqueterie Barry Freestone. Angleterre.

Tableau exposé aux Rencontres internationales de la marqueterie.

Complément sur les bois

Classement par couleurs

Cette liste vous aidera à acheter des placages. Vous aurez sans doute l'occasion de la compléter :

Blanc (ou presque).
Sycomore. Houx. Charme. Tilleul. Peuplier. Boulot. Marronnier. Frêne. Hêtre. Platane, sapin.

Jaune.
Buis français (jaune pâle). Buis amarello (jaune vif). Péroba jaune. Samba. Olivier. Citronnier. Zapatero. Satiné. Epine-vinette.

Verdâtre.
Ebène vert. Tulipier. Gaïac.
Bois échauffés, par exemple du peuplier ayant pourri dans de la terre mouillée.

Rouge.
Acajou. Douka. Padouk (bois corail). Courbaril. Mélèze. Faux acajous d'Afrique (sipo, sapelli…). Saint-Martin rouge. Séquoia (qui donne la loupe de vavona).

Rose.
Bois de rose. Aniégré. Coubaril. Alisier. Cèdre du Liban. Sorbier. Pommier. Satiné. Pink Ivori (*ivoire rose* très vif, presque rouge). Poirier blanc. Red cedar (thuya géant).

Orangé.
Merisier. Satiné. Acajou de Cuba. If. Pin. Péroba rose. Pitchpin. Bruyère. Poirier rouge. Aulne.

Violet.
Bois de violette. Amarante. Palissandre. Satiné.

Marron.
La liste est longue : Noyer. Chêne. Palissandre. Teck. Louro faïa. Châtaigner. Zébrano. Prunier. Orme. Bilinga. Mélèze. Amourette…

Noir.
Ebène. Ebène vert. Wengé. Bois de cœur du gaïac (bois de fer). Chêne lacustre, foncé par une longue immersion dans l'eau.

Les "bois des îles"

Importés d'amérique latine depuis le seizième siècle, puis plus tard aussi d'Indonésie et d'Afrique, les billes remontaient la Seine en bateau jusqu'à Paris pour alimenter ceux qu'on appelait les "menuisiers en ébène", dont les meubles marquetés font l'admiration du monde entier.

Le **citronnier** n'est pas notre arbre fruitier (dont le bois beige ressemble à celui du buis), il vient d'Amérique et est appelé ainsi pour sa couleur jaune citron. On l'appelait « bois de citron ».

Le **palissandre** du brésil est d'un beau et chaud brun rouge strié de fils noirs, pourtant Roubo le trouve triste, on se demande pourquoi.
Les palissandres d'Inde et d'Asie sont très foncés et plus unis.

Les **bois de rose et de violette** ne sont bien sûr pas les bois de nos fleurs mais mais des variétés de palissandre d'amérique, de couleur rose et violet.

L'**amarante** est très courant comme encadrement du bois de rose, *sur lequel il tranche un peu trop*, estime Roubo décidément difficile. Son violet tourne au brun en vieillissant.

Acajou : *cet arbre est une espèce de noyer.* Cette fois notre ébéniste a raison, il n'est parfois pas facile de différencier un acajou

blondi par le temps d'un beau noyer. Certains meubles Louis XVI sont en noyer teinté en rouge pour imiter l'acajou.

Autrefois on disait : du bois « à cajou », sève d'un arbuste dont on imprégnait l'extrémité des billes pendant leur transport en bateau. Il y a deux familles d'Amérique : le Cuba et le Honduras. Les « acajous » d'Afrique : Grand Bassam, sipo, sapelli... ne sont pas de la famille des acajous, mais leur bois tire sur le rouge.

Les **satinés** sont une superbe famille de bois d'Amérique dont la fine maille scintille. Ils varient du jaune doré lumineux au brun violacé en passant par le rouge. On les confond parfois, même les experts, avec du citronnier, du bois de rose ou de l'amarante. *Ce bois a toujours l'air transparent, ce qui en fait la principale beauté,* écrit Roubo, conquis peut-être par la variante appelée **amourette**, d'un beau brun maillé moucheté de noir.

Commode Louis XV en satiné.

L'**ébène**, nom féminin. Son noir a parfois des reflets rouges ou verts. Celle de Macassar a des veines blanches. L'aubier est blanc (bois près de l'écorce de l'arbre), le contraste noir et blanc a été utilisé pour décorer les meubles plaqués. L'ébène verte (Guyane et Brésil), en réalité de l'ipé, a un grain grossier, marron très foncé tirant sur le vert. On l'appelle parfois fausse ébène.

Le **padouk**, dit *bois corail*, est bien rouge mais comme l'amarante il vire au marron à la lumière. En Afrique, dans un sol riche et saturée d'eau, il pousse vite et il est donc assez tendre et son grain pas très fin.

Ne dénigrons pas les essences africaines en général. Le **pink ivory**, ivoire rose, était appelé "bois royal" par les Zoulous. Seul le chef de la tribu et ses fils avaient le droit d'en posséder. Toute personne enfreignant cette règle était punie de mort, ce que je comprends car le bois du cœur de l'arbre, merveilleusement fin, brille sans même qu'on le cire, juste en l'astiquant ! Son rouge ne se décolore pas avec les années.

Les bois originaux, comme le **palmier** nous intéressent beaucoup. On dirait une peau de serpent :

Ce placage présente des fins traits de scie car c'est du placage scié. La bille était trop petite pour pouvoir être tranchée. Cela ne pose pas de problème de mélanger du scié et du tranché dans une marqueterie.

Epine-vinette scié en bois de bout : "en saucisson". Ce bois jaune vif qui vient du buisson de haie fait de beaux pétales de fleur. Il faut le coller sur du papier avant de le découper.

On mouille le bois pour voir ce qu'il donnera une fois vernis.

Plus un arbre a de la difficulté à pousser, dans un sol pauvre, avec peu d'eau, plus son bois est dur, fin et joliment torturé. Il faut souffrir pour être beau.

"Contreplaques" en bois (sans accent sur le e). Au lieu de carton, les marqueteurs traditionnels utilisent encore un bois tendre de 2 ou 3 mm d'épaisseur, pour faire leurs paquets de placages. Souvent du samba :

Les paquets sont fermés par des petites pointes au lieu de ruban adhésif.

Panier de fruits et fleurs sur fond de loupe de tuya, dans un frisage de bois de rose. Commode d'époque transition Louis XV - Louis XVI.

Bois teintés : Ciel en érable moucheté bleu, cheveux en aniégré décoloré, mer en sycomore bleu et vert, poirier noir
Bois naturels : Bras et visage en poirier, débardeur jaune en buis amarello, blanc des animaux marins en sycomore.

Placages fragiles ou gondolés

La plupart du temps on utilise les placages tels quels. Quelquefois pour **aplanir une feuille** légèrement gondolée on la repasse sur ses deux faces, sans la mouiller.

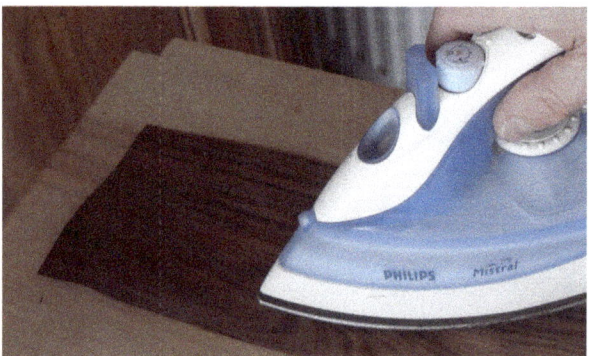

Mais **si le bois est très déformé**, il faut le serrer entre deux plaques métalliques très chaudes (ou coller du papier dessus, voir page suivante). Des plaques de n'importe quel métal de récupération, ou du zinc ou de l'aluminium de 8 ou 10 millimètres d'épaisseur, vendu à la découpe chez les négociants en métaux.

Chauffez les deux plaques sur un réchaud. La bonne température, 100°, est obtenue quand des gouttes d'eau qu'on jette dessus se mettent à crépiter. Plus chaudes, elles noirciraient le bois en le brûlant.

Bien entendu, ne mettez pas de ruban adhésif sur le placage, il fondrait. Vous maintiendrez les fentes plus tard.

Serrez progressivement pour laisser au bois le temps de s'assouplir sans se fendre.
Si le placage est très cassant, humectez-le au préalable, très peu, avec une éponge.
Laissez sous presse une journée.

On peut redresser deux ou trois feuilles en même temps.

Desserrez. Si le placage est encore humide, serrez-le à nouveau, entre plusieurs feuilles de papier journal, laissez sécher une demi-journée puis changez le papier et resserrez encore une fois.

Conservez ce placage sous un bon dictionnaire pour ne pas qu'il se redéforme.

Renforcer le placage. Nous avons vu que le ruban adhésif est suffisant pour renforcer des petites surfaces, ou du placage simplement un peu fendu ou fragile.

Dans le cas de bois très cassant ou très fragile, une loupe par exemple, on colle une feuille de papier dessus. Ce papier sera enlevé pendant la finition en le mouillant ou en le raclant.

Enduisez de colle à bois le placage et posez le papier dessus.

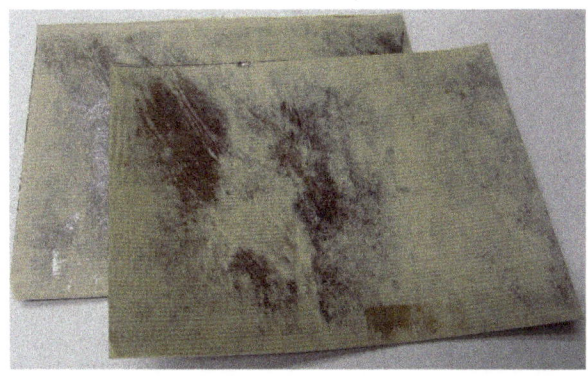

Coller du papier sur un placage déformé le redresse en général. Utile si vous n'avez pas de plaques métalliques.

Placez-le entre deux feuilles de plastique et serrez entre deux cales en contreplaqué, si le bois n'est pas trop cassant.

S'il est très raide et déformé et cassant, ce qui est rare, il faut serrer avec deux cales métalliques chaudes. Cela oblige à remplacer le plastique (qui fondrait) par du papier journal.

Ces cales ne doivent pas être trop chaudes, afin de ne pas altérer la colle : on doit tout juste pouvoir encore les tenir à la main.

La technique du dictionnaire.

Dessins de marqueteries

Agrandissez ces motifs à la dimension que vous souhaitez (et en fonction de la taille des placages que vous avez, surtout celui du fond).

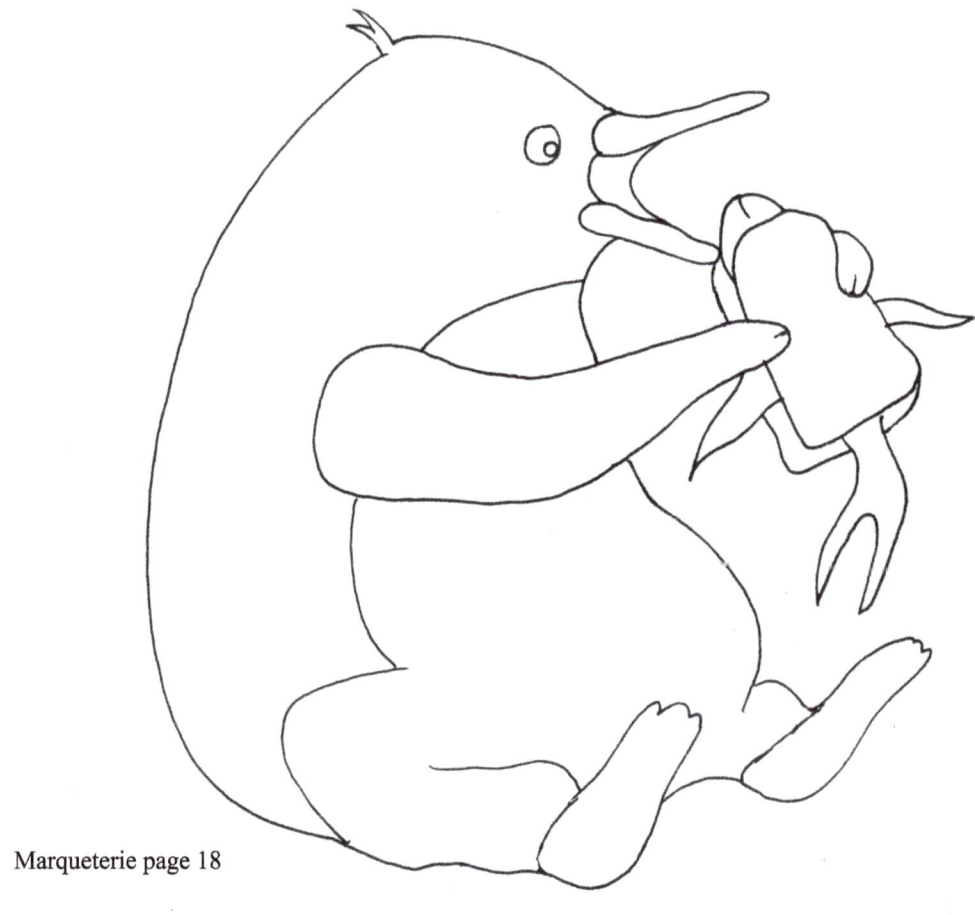

Marqueterie page 18

Motif simple qui, décalqué pour obtenir son symétrique, peut orner un meuble.

69

Ce dessin est un "piqué".

Avant l'invention des photocopieurs, pour reproduire un dessin un marqueteur le plaçait sur plusieurs feuilles de papier. Il piquait le tracé avec une aiguille. Ensuite il frottait chaque feuille avec un tampon de feutre enduit de bitume de Judée, une poudre noire qui noircissait les petits trous. Enfin, il chauffait rapidement ces feuilles sur une plaque chaude pour fixer le bitume en le fondant.

(Pour piquer il utilisait un petit engin tenu d'une main, dont l'aiguille avait le mouvement d'une machine à coudre.)

Détail de la marqueterie des oiseaux : page 29

7° RIM, année 2000

Les détails du tracé de ce "piqué" sont à interpréter
relativement librement.

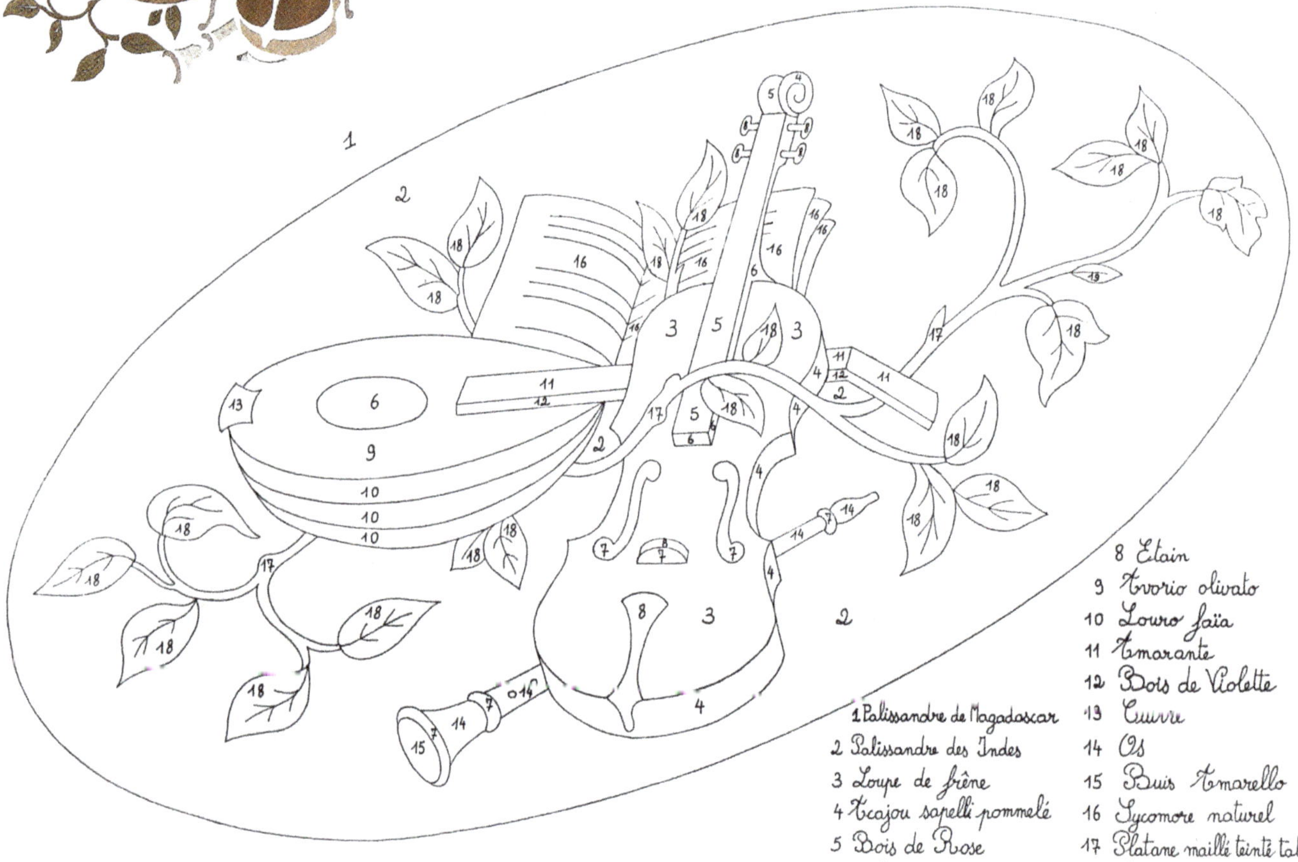

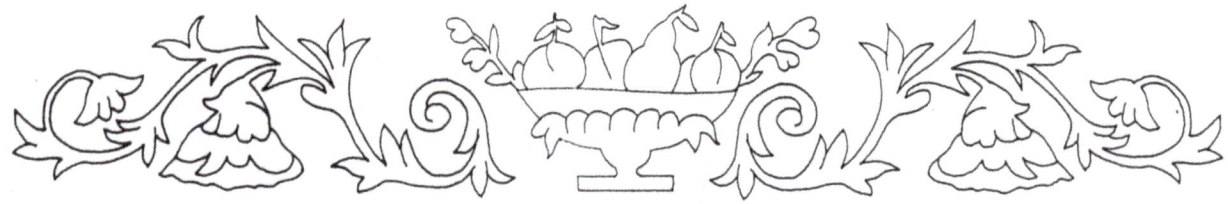

Trophée musical relevé sur un meuble XVIII ème.
Marqueterie page 54

8 Étain
9 Ivorio olivato
10 Louro faïa
11 Amarante
12 Bois de Violette
13 Cuivre
14 Os
15 Buis Amarello
16 Sycomore naturel
17 Platane maillé teinté tabac
18 Sycomore teinté vert moyen
19 Sycomore teinté vert clair

1 Palissandre de Magadascar
2 Palissandre des Indes
3 Loupe de frêne
4 Acajou sapelli pommelé
5 Bois de Rose
6 Noyer
7 Sycomore teinté gris clair

Motif d'un coffret

Légende des bois :

Fond en merisier

1 sycomore naturel
2 buis amarello
3 padouc ("bois de corail")
4 amarante

5 platane maillé teinté tabac
6 sycomore teinté vert foncé
        ou vert moyen
7 tulipier
8 poirier
9 noyer ou teck

25 x 25 cm

Dessin décalqué sur un
timbre poste.
Marqueterie page 53

Chien fait par Philippe Guérin, MOF 1994.

La vallée des éléphants
42 x 30 cm

Choix des bois (à titre indicatif).

1. Citronnier
2. Poirier rose
3. Acajou sapelli pommelé
4. Palissandre de Madagascar
5. Palissandre des Indes
6. Sycomore teinté gris clair
7. Sycomore teinté gris foncé
8. Sycomore naturel
9. Sycomore teinté vieux vert
10. Amarante
11. Bois de violette
12. Noyer
13. Frêne
14. Buis
15. Louro-faïa
16. Platane maillé teinté tabac
17. Padouk
18. Loupe d'orme teintée vert moyen
19. Sycomore ondé teinté vert clair
20. Marronnier ondé
21. Bois de rose
22. Os (ou ivoire…)
23. Etain (ou aluminium)
Les yeux des éléphants sont en nacre.

Indiquez le sens du fil des bois des éléments
sur une des copies, par des hachures.

Temple d'abondance.
35 x 20 cm

Les adresses du marqueteur

Ces magasins expédient par internet.

Placages et filets
GAUTHEY quai Georges Bardin 71770 Tournus   03 85 20 27 02   www.gauthey.fr   Pour l'initiation, « lot de 20 feuilles de placages divers » : 48,50 euros. Filets en bois et filets en laiton.
GEORGES 100 av Galliéni 93170 Bagnolet   01 43 60 42 41   www.george-veneers.com
« Boite d'initiation à la marqueterie » : 32 feuilles de placage divers : 81,60 euros (en photo au début de ce livre).
MARECHAUD 17 Chemin de la Montagne 94510 La queue en Brie   01 56 31 10 05   www.maréchaux.fr
Pour l'initiation, « kit marqueterie», 15 petites feuilles de tailles et essences variées : 42 euros.
HMdiffusion 49 route de Lyon - La Grive - 38080 St Alban de Roche - 04 74 28 76 95. www.hmdiffusion.com
« Set de 15 feuilles de placage » (7 essences minimum), 30 cm x 15 cm environ : 36 euros
Pascal DONGE Vente en ligne de placage, avec photo des lots. 30 rue de l'eau 67310 Westhoffen
www.lessensdubois.net
Autres matériaux (de la corne en plaques, de l'os en plaques, en filets, de la nacre, etc)
GEORGES (voir plus haut)
La boutique du marqueteur
Patrick Delarme : placages de bois et autres matériaux, dessins de marqueterie, etc www.marqueterie.com
Produits (colles, cire, vernis, papier de verre…)
Droguerie LAVERDURE 58 rue Traversière 750012 Paris   01 43 43 38 85   www.laverdure.fr
HMdiffusion (voir plus haut)
Outillage (scie à chantourner à bras oscillant, cutter, serre-joints, scie à placage, tapis antidérapant…)
De nombreuses quincailleries et magasins de bricolage.
HMdiffusion (voir plus haut)
MECHE AMERICAINE ET FORGE ROYALE. 5 Rue Saint-Bernard, 75011 Paris   01 43 71 92 04
www.meche-americaine.com
Plaques et placages métalliques (aluminium, laiton, cuivre, étain)
WEBER 9 rue du Poitou, 75003 Paris   01 46 72 34 00
www.**weber**-france.com
Carton plat : les magasins de fourniture pour l'encadrement et :
TOUTEMBAL   www.toutembal.fr
CARTOVAL   www.emballagescartoncartoval.com
Petits clous
CAP Maquettes. 16 Rue des Granits, 44100 NANTES
Tél : 02 40 43 91 11   www.cap-maquettes.com
150 clous en laiton tête plate, 10 mm, ultra-fins : 3.50 euros

Conclusion

Bon travail, et tous mes vœux de bonheur grâce à votre nouvelle activité ! Envoyez-moi par mail des photos de vos œuvres, j'en placerai sur mon blog.

Merci

*à mon fils Yann pour sa précieuse collaboration,
à Jean-Michel Marais pour ses jolis dessins.
à Alexandre Nestora, photographe, pour ses conseils avisés.*

Le deuxième tome est un perfectionnement : techniques particulières, matériaux autres que le bois, méthode Boulle, marqueterie contemporaine (Vriz)...

Le troisième parlera des "frisages", marqueteries géométriques.

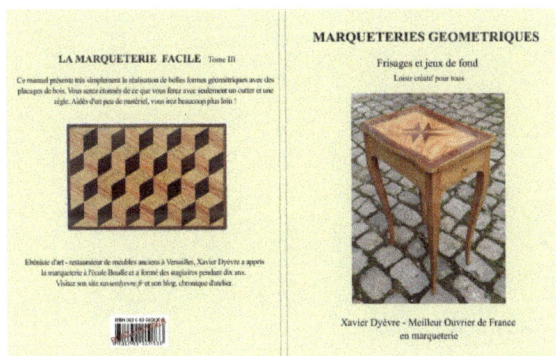

Marqueteries Yann et Xavier Dyèvre, sauf mentions.
Photos, mise en page : Xavier.   2016
Mail : xavierdyevre@gmail.com

Chronique d'atelier : www.blog.xavierdyevre.fr
Atelier d'ébénisterie : 15 rue du Peintre Lebrun
78000 VERSAILLES

*Ma marqueterie de Meilleur Ouvrier de France en 1997 : le moulin à vent vu comme un géant par Don Quichotte halluciné. A droite, Sancho Panza sur son âne... Fond : ronce de frêne. Une quarantaine de bois et autres matériaux. 900 heures environ.
Le sujet était ce dessin, mais crayonné assez flou, en noir et blanc. Les candidats avaient un an pour l'interpréter librement chez eux. 85 x 65 cm*

9 781366 862150